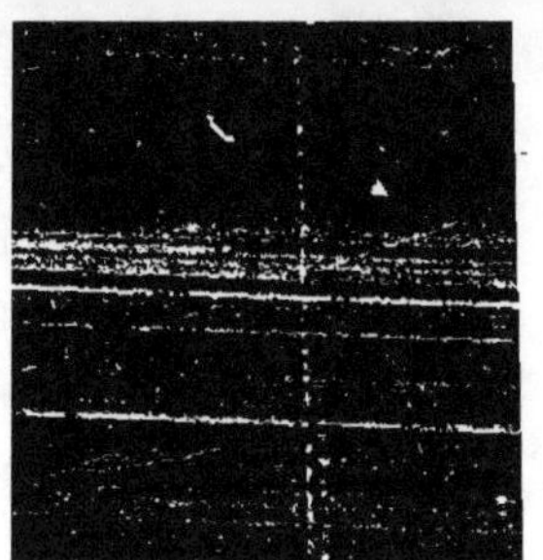

AF340150

LA VÉRITÉ

SUR

LE PARTI DÉMOCRATIQUE.

Par T. THORÉ.

Pour attaquer d'une manière victorieuse le gouvernement existant, il faut lui opposer un point de vue d'ensemble supérieur à celui d'après lequel il s'est organisé.

Un Philosophe.

AUX PROLÉTAIRES.

Nous sommes entre deux mondes, entre un monde d'inégalité qui finit et un monde d'Egalité qui commence.

P. LEROUX.

SOMMAIRE.

LA VÉRITÉ

SUR

LE PARTI DÉMOCRATIQUE.

---

§ 1er. LE PARTI DÉMOCRATIQUE EST COMPOSÉ DE DIVERS ÉLÉMENS.

Le parti démocratique n'a jamais eu moins de journaux qu'à présent. Les écrivains qui sont censés le représenter dans la presse quotidienne affirment cependant, avec raison, qu'il n'a jamais été plus fort et plus nombreux. Mais ils ajoutent qu'il n'a jamais été plus uni.

Eh bien ! ils savent mieux que personne, au contraire, qu'il n'a jamais été plus divisé.

Mais c'est là justement un des symptômes de l'accroissement de sa puissance.

En effet, comment le parti républicain s'est-il donc fortifié ? où a-t-il conquis tous ces élémens nouveaux, en nombre et en idées ? Les vieux royalistes, les *classes* corrompues par le privilége, les seigneurs de la bourgeoisie, tous les hommes qui s'opposaient, par égoïsme ou par inintelligence, au développement légitime et irrésistible des principes démocratiques, se sont-ils convertis? dans le parlement, l'opposition de gauche vote-t-elle avec l'extrême gauche radicale? Point du tout. L'ancien parti démocratique a vu des défections nombreuses et éclatantes. Bien des hommes sur lesquels le Peuple fondait des espérances ont trahi, ou sont tombés dans l'obscurité. La chambre, la presse, la bourgeoisie, ont éprouvé récemment une sorte d'enthousiasme pour je ne sais quel système bâtard, baptisé parlementaire, sous les auspices de M. Thiers. Cette évolution, dès long-temps prévue, a fait disparaître les intermédiaires flottant entre le régime constitutionnel et le régime démocratique. Le gouvernement les a presque tous absorbés ou annihilés. Le parti démocratique est plus isolé que jamais au sein de la politique officielle et de ce qu'ils appellent le pays légal.

En quoi donc la cause républicaine a-t-elle prospéré? comment la pensée de la démocratie est-elle devenue plus rayonnante, sa volonté plus impérieuse, son avénement prochain et incontestable? de quel côté s'est agrandi le parti actuel? et comment est-il plus nombreux et plus vivant?

C'est que le parti républicain a recruté et qu'il recrute sans cesse dans les générations nouvelles, et dans les nouvelles couches du Peuple qui s'élèvent à la vie politique. Pendant que la mort ravit chaque jour à ces partis de vieillards, appuyés par les priviléges, leurs adhérens les plus fermes, la naissance, au contraire, amène chaque jour du renfort à l'opinion démocratique. Il y a ainsi un enrôlement volontaire et successif au profit de la République future, et dont la statistique pourrait déterminer mathématiquement la progression. A mesure que les enfans deviennent de jeunes hommes, ils choisissent naturellement le drapeau de la Liberté, de l'Egalité, de la Fraternité. Tout ce qui prend vingt ans est soldat de la démocratie, on peut presque le dire, de quelque *classe* qu'il sorte. Les fils de nobles ne croient plus guère à la noblesse, ni au droit divin, ni au pape. Les fils des bourgeois ne croient point à la perennité du gouvernement constitutionnel et de la charte d'août. Les hommes qui nous gouvernent sont vieux, et leur espèce n'est plus destinée à multiplier.

Mais, à cette cause de fortune pour le parti démocratique, savoir : le développement de l'âge et l'adhésion des générations qui commencent l'exercice de leur activité, il faut ajouter que le temps développe aussi parmi le Peuple des intelligences et des passions dont la place est marquée dans nos rangs. A mesure que les *classes* les plus souffrantes sont relevées par le sentiment de la dignité humaine, elles envoient de nouveaux groupes mêler leur voix à la voix du parti révolutionnaire.

Ces deux pépinières, le Peuple et la jeunesse, produisent donc chaque jour des sujets nouveaux, pleins d'une sève généreuse, et destinés à porter tour-à-tour leurs fruits, quand la saison est venue.

Ainsi le parti républicain s'est grossi par accession, et incessamment il continue à se grossir de la sorte. C'est pourquoi, suivant les républicains, son triomphe n'est qu'une question de temps.

Mais ces élémens nouveaux, ces générations vierges qui se classent à l'entour du principe démocratique, ont apporté avec elles des désirs nouveaux, soit qu'elles viennent des limbes de l'enfance, soit qu'elles viennent des limbes de l'ignorance et de la misère. Elles ont le sentiment inné de la tradition. En venant au monde politique, elles se trouvent, par un merveilleux instinct providentiel, par cette sorte de communication dont on n'a pas conscience, et qui n'est autre que la solidarité de l'espèce humaine, elles se trouvent à la hauteur des générations précédentes. L'esprit humain collectif est comme un merveilleux réservoir où chaque individu puise spontanément par le seul fait de sa qualité d'homme. Ainsi, les générations nouvelles ont un sentiment en harmonie avec les sentimens et les idées de leur temps; mais le progrès et la perfectibilité consistent justement en ce que chaque génération ajoute au travail antérieur. Sans cela, il faudrait décréter l'immobilité. L'arbre de la pensée, fécondé sans cesse par l'influence divine, pousse sans cesse de nouvelles branches qui tiennent au tronc commun.

La jeunesse et le Peuple ont obéi à cette loi de développement. Fermement appuyés sur le principe démocratique pour lequel nos pères et nos frères ont combattu, ils sont entrés dans la mêlée, afin de payer aussi leur dette de dévouement, d'intelligence et de courage. En vertu même de la tradition, ils ont manifesté de nouvelles exigences qui ne sont que le complément du progrès déjà conquis ou sollicité. Il n'est donc pas étonnant, bien plus, il est logique et nécessaire que, après dix ans d'efforts et d'inquiètes méditations, il y ait divers degrés dans l'édifice idéal de la démocratie. Tous les esprits prévoyans devaient s'attendre à cette inévitable métamorphose. Ce n'est pas d'hier que les constructions élevées par ces architectes sans nom et sans patente, mais non pas sans droit, commencent à réclamer leur part de soleil; mais c'est d'hier seulement que le monde politique, préoccupé de petites passions et de questions insignifiantes, entraîné par les ambitions égoïstes et les luttes personnelles, a été forcé de remarquer ces travaux auxquels il est étranger. Tant pis pour ceux qui s'étaient endormis, après avoir donné quelques gages à la cause populaire. Nous concevons qu'il soit triste, au réveil, de se trouver isolé à l'entrée du péristyle, pendant que de plus diligens pénètrent déjà par la pensée dans les magnificences du palais que la démocratie doit élever au genre humain; mais la parole de Bossuet retentit aux oreilles des peuples, et la société obéissante marche sans relâche à sa destinée.

Loin de se cacher à soi-même et de cacher aux autres toutes ces dissensions intestines du parti démocratique, il importe donc, au contraire, de les exposer au grand jour de la publicité, d'étudier tous ces élémens encore épars, et de chercher à les réunir harmonieusement dans une doctrine compréhensive, afin de leur préparer une satisfaction. Le travail le plus urgent et le plus utile consiste à coordonner ces sentimens vagues ou exagérés, ces idées incomplètes, confuses, et quelquefois étranges, dont on n'aperçoit pas distinctement le lien avec le système général de la démocratie.

Quelles sont donc ces passions inconnues qui fermentent au sein du jeune parti démocratique? comment se sont formés, comment ont grandi ces combattans impétueux de qui l'ardeur et l'inexpérience jettent la confusion dans notre camp? Combien y a-t-il de nuances dans l'opinion républicaine?

§ II. DES DIVERS ÉLÉMENS DU PARTI DÉMOCRATIQUE.

I. *Le National.*

Après 1830, tous les hommes animés du véritable sentiment populaire comprirent vite que la révolution avait été étouffée, et que ses conséquences, favorables peut-être à la bourgeoisie, seraient nulles pour l'intérêt des *classes* les plus nombreuses et les plus méritantes, du Peuple travailleur. Les démocrates exaltés engagèrent donc une lutte violente et généreuse contre les nouveaux maîtres de la nation. Ce fut le temps où les braves du Peuple se sacrifièrent en juin et en avril; ce fut le temps où *la Tribune*, en opposition fréquente avec *le National* de Carrel, excitait hardiment à la révolte; ce fut le temps où *le Réformateur*, joignant de véritables désirs d'organisation à un courageux sentiment révolutionnaire, prêchait à-la-fois la haine et la fraternité.

Mais l'établissement du 9 août, fort du secours de la nouvelle aristocratie bourgeoise qui voulait se maintenir à la place de l'ancienne aristocratie nobiliaire, comprima ces attaques audacieuses. Toute sa vigueur fut employée à organiser la *résistance*, résistance par le canon,

par l'arbitraire et par une législation bar-
bare que le pouvoir n'eut pas de peine à
obtenir des chambres privilégiées. Au com-
mencement de 1835, le parti énergique de
l'insurrection était enchaîné, et les royalistes
purent se féliciter d'avoir au moins conquis
une trève, s'ils ne crurent pas même, dans
leur aveuglement, avoir anéanti la révolution
et la démocratie.

Cependant, au milieu même de ces combats,
les socialistes, les Saint-Simoniens, les Fourie-
ristes, le *Réformateur*, agitaient déjà les questions sociales. Les révolutionnaires violens
étaient dispersés ou réduits à l'inaction. On
profita de cette paix forcée, pour préparer les
doctrines d'organisation et courir à la décou-
verte dans le domaine de l'Esprit.

Un seul organe de l'opinion démocratique
avait survécu à cette tourmente.

Le *National* de Carrel, sauvé par l'autorité
du talent d'un grand écrivain, par la modération de son langage, et il faut bien le dire
aussi, par l'étroitesse de sa politique qui
n'inspirait qu'une médiocre crainte au gouvernement, le *National* se barricada dans des
limites où la brutalité de la loi ne put l'atteindre.

Les continuateurs de Carrel sont restés fidè-
les à sa tradition, c'est-à-dire qu'ils s'adressè-
rent principalement à la bourgeoisie démocra-

tique, n'accordant guère d'attention aux justes réclamations du Peuple (1), désapprouvant d'un côté toutes les tentatives du sentiment révolutionnaire, d'un autre côté, négligeant complètement ce mouvement des esprits vers les idées sociales, vers la théorie de la République future. Le *National* représenta les classes moyennes et l'âge moyen (2), au lieu de représenter le Peuple et la jeunesse qui sont les soutiens naturels de la démocratie, comme nous l'avons dit plus haut.

On a reproché souvent au *National* de n'avoir pas de principes, avec autant de raison que, depuis 1830, on a reproché au libéralisme de n'en point avoir eu. Il est bien vrai qu'il est difficile d'apercevoir un principe social au fond de la politique du *National*. Cependant, le *National* n'a pas moins respecté durant

---

(1) Il est notoire que Carrel avait l'habitude d'effacer le mot *prolétaire*, quand il le rencontrait dans les articles de ses collaborateurs.

(2) « Un étranger croirait d'abord que c'est sur la jeu-
» nesse que s'exerce principalement l'action des doc-
» trines démocratiques? Point du tout. Les classes moyen-
» nes et l'âge moyen forment le noyau de la démocratie
» française. » Et plus loin : « le programme de réforme au-
» quel nous avons dévoué notre humble mais sincère coo-
» pération, a rallié, outre d'anciens ministres de Louis-
» Philippe, une foule de citoyens très haut placés dans le
» parlement, le corps électoral, l'armée, la science, la
» propriété. » (*National* du 23 décembre 1839.)

les époques difficiles qu'il a traversées, certains sentimens populaires, comme la nationalité, la haine de l'aristocratie et de l'étranger, l'inaliénabilité des droits politiques. C'est là-dessus que le *National* a vécu; et le parti démocratique lui doit de la reconnaissance pour n'avoir point failli à ce devoir. Mais tandis que les esprits, remuant avec enthousiasme les problêmes économiques, envisageaient les choses futures, le *National* se reposait dans une aveugle indifférence. Et aujourd'hui encore, tandis qu'il est manifeste que c'est là le cœur de la politique, tandis que le *Courrier Français* intitule des articles : de l'*Organisation du travail,* et le *Constitutionnel* : *Question sociale*, tandis que le *Journal des Débats* lui-même et tous les journaux de la contre-révolution et du *statu quo*, se tourmentent de ce symptôme, *le National* reste muet ou se montre hostile. Il se contente d'être à l'état de négation sur l'économie sociale; ou même, il est assez peu instruit du mouvement de cette science, pour faire l'apologie de l'économie bourgeoise de J.-B. Say. Mais la négation, c'est la dissolution. Comment vivre dans le néant? Affirmez donc pour vivre. Dites : que la lumière soit, et la lumière sera. C'est avec l'affirmation intelligente que vous réunirez les idées et les hommes.

Une fois seulement, après que M. Arago, sollicité par un écrivain démocrate, eut parlé vaguement à la Chambre sur *l'Organisation du travail*, le *National* se décida à publier un article qui pose la question sans chercher à la résoudre. Il faut organiser le travail assurément. Mais en vertu de quel principe le travail doit-il être organisé ? Le *National* et M. Arago ne l'ont point dit. L'article du *National*, écrit avec réticence, n'a garde de s'engager dans quelque voie aventureuse et imprudente ; car le *National* craint la nouveauté ; et encore une fois, il s'en tient à la négation.

L'œuvre principale *du National*, œuvre importante, et dans laquelle tous les démocrates doivent se rallier et faire cause commune, c'est la réforme électorale.

Le National organise avec cet instrument la partie saine et généreuse de la bourgeoisie, qui n'a point renié la tradition démocratique léguée par 89. Sur cette question il y a unanimité véritable et imposante. C'est une préparation efficace. Mais pourquoi le *National* refuse-t-il de porter ses regards au-delà de ce moyen ? pourquoi n'accepte-t-il pas aussi d'autres moyens révolutionnaires ? a-t-il quelque confiance en ceux qui nous gouvernent (1) ? Espère-t-il que

---

(1) Le langage actuel du *National* ressemble parfois au langage de l'ancienne opposition du *Siècle* ou du *Courrier français* : « Nous n'entendons pas attaquer aujourd'hui le » ministère du 1er mars. Ce qu'il a fait jusqu'à présent » dans cette question est *digne d'éloges*. Son langage a

le parlement bourgeois lui donnera satisfaction?
Pourquoi s'effraie-t-il de ces exigences qu'il n'a-
vait pas prévues, de ces élans extraordinaires
du Peuple vers l'avenir ? S'il considère la réforme comme un moyen, pourquoi ne s'expli-
que-t-il pas sur le but ultérieur ? pourquoi lais-
se-t-il supposer qu'une fois la réforme obtenue,
s'il était possible qu'on l'obtînt avec la monarchie, il se déclarera content, et ne demandera
point une rénovation sociale. Les journaux dy-
nastiques lui reprochent de ne pas dire son
dernier mot, et vantent ironiquement son *habi-
leté*. Pourquoi ne pas repousser par de fran-
ches explications cette épithète injurieuse dont
il flétrit sans cesse le ministère ? Entend-il que
la réforme politique serve à changer les conditions actuelles du travail, de la propriété (1),

---

» été ferme, son attitude et ses mesures *méritent l'ap-*
» *probation de tous les hommes de cœur...* Notre opposi-
» tion ne fut jamais tracassière et déloyale. Quand un
» homme du pouvoir, quel qu'il soit, viendra se placer
» hardiment sur le terrain national, nous n'aurons ja-
» mais peur d'être justes envers lui... Nous ajouterons
» que nous irions presque jusqu'à défendre M. Thiers,
» quand nous voyons les misérables intrigues qui s'agi-
» tent en ce moment pour le renverser. » (*National* du
3 août 1840.)

(1) « Toutes les mesures réclamées par l'opposition
» radicale attaquent la propriété, par exemple l'égalité
» dans les fonctions électorales, la conversion des ren-
» tes, les lois sur les céréales et les bestiaux, le chan-

du capital ? Et dans quel sens ? Entend-il que le prolétariat soit supprimé? et que tous les hommes aient les mêmes conditions de développement, tant dans le moral et l'intellectuel que dans l'industrie ? Partage-t-il les singulières doctrines sur la famille, renouvelées des Romains et professées au banquet de Limoges par M. Michel de Bourges, qui veut gouverner à *l'antique* le monde du XIX⁰ siècle, *courbant le fils devant*

» gement de l'assiette de l'impôt, l'instruction gratuite,
» l'association des ouvriers, etc.; or, ces mêmes radi-
» caux sont défenseurs zélés de la propriété. Preuve ra-
» dicale qu'ils ne savent ni ce qu'ils font, ni ce qu'ils
» veulent. »(Proudhon. *Qu'est-ce que la propriété?*)

Dans un éloquent article attribué à M. Armand Marrast (4 juillet 1840), le *National* déclare laisser à la nation le soin d'une réforme sociale : « Pourquoi donc une
» réforme politique ? pour que la nation tout entière
» s'explique, pour qu'elle juge, qu'elle règle, qu'elle dé-
» termine ses réformes sociales. »

Sans doute la nation seule a le droit de prononcer en dernier ressort. « Aucune portion du peuple ne peut
» exercer la puissance du peuple entier. (Art. 20 de la
» déclar. des Droits.) » « Les majorités *commandent*,
» les minorités *demandent*. (*Dictionn. polit.*) » Mais qu'est-ce donc que la nation ? c'est la réunion des individus; or, si les citoyens élus représentans de la nation n'avaient pas d'idées, comment ferait *la nation* pour provoquer et régler ses réformes sociales ?

L'auteur de l'article du *National* ajoute ? « La société
» entière est en travail. Tous les esprits se donnent car-
» rière. » Excepté le *National* cependant.

2

le père, la femme devant le mari, sous ce prétexte inconcevable, que *plus le pouvoir est divisé, plus il y a d'unité dans la famille*, et qu'il
faut un chef unique au sein de chaque famille ,
*quand il n'y a pas un chef unique au sommet
de l'état?* Que pense-t-il de l'Egalité, et comment
l'entend-il? que pense-t-il de la Liberté, et veut-il
lui imposer des limites ? etc. Toutes questions
qui sont les véritables à résoudre; et peut-être
n'arrivera-t-on à une réforme politique, que
lorsqu'elles seront résolues. En un mot, puisque
le *National* n'est pas royaliste constitutionnel,
Qu'est-ce que la République ?

Le *National* n'a donc pas le droit de blâmer
les théories essayées par les démocrates, puisqu'il n'a lui-même aucune théorie; à moins que
sa doctrine ne soit secrète comme celle des
théocrates de l'Orient. S'il rencontre parfois
de l'hostilité, il ne doit l'imputer qu'à son mu-
tisme sur toutes les questions qui intéressent
l'avenir du Peuple. Nous sommes dans un temps
de publicité et de discussion. C'est à la discussion publique qu'il appartient de formuler ce
qui, plus tard, doit passer en pratique. Il n'y
a pas de meilleure politique que la politique
franche et de bonne foi, à portes ouvertes.

Le parti populaire n'a pas besoin, d'ailleurs,
d'une *tactique*, à la façon des vieux journaux,
qui sont encore, en cela, les élèves de Tal-
leyrand, contre lequel ils ont élevé tant de

justes récriminations. La tactique, c'est-à-dire la dissimulation, est sans doute nécessaire dans la diplomatie actuelle, puisqu'elle se propose encore de tromper les peuples au profit des rois et des aristocraties gouvernantes. Mais nous, qui ne nous proposons de tromper personne, pourquoi n'ouvririons-nous pas nos mains, si elles sont pleines de vérité ? La vérité n'a besoin que d'être exposée pour triompher, un peu plus tôt, un peu plus tard.

Le *National* a donc mauvaise grâce de renvoyer maintenant à ceux qui peuvent l'avoir devancé, les accusations que les rétrogrades ne lui ont pas ménagées à lui-même pendant toute sa carrière. On l'a traité d'anarchiste; à son tour, il traite de méchans brouillons (1), de fripons (2) et d'agens de police (3), les hommes qui espèrent l'avenir autrement que lui. Si *le Journal des Débats* applique à tous les démocrates l'épithète de *barbares*, le *National* applique aux égalitaires l'épithète de *fous sauvages* (4). Si les royalistes dénient au Peuple

---

(1) *National* du 28 juillet 1840.
(2)   *Id.*   27 juillet 1840.
(3) « Il n'est pas juste d'imputer au parti *radical* les
» sottises d'une poignée d'individus qui, d'une manière
» directe ou indirecte, *tiennent* de beaucoup plus près à
» *la mauvaise police* qu'à aucun parti. » (*National* du 27
juillet 1840)
(4) *National* du 4 juillet 1840.

opprimé le droit d'insurrection, le *National* craint pour son drapeau *les éclaboussures de la rue* (1).

Est-ce que le *National*, qui régente si cavalièrement la gauche, et qui lui reproche, avec tant de justice, son impuissance et sa récente conversion, partage seul avec la couronne le monopole de l'inviolabilité? Est-ce que la démocratie populaire n'a pas le droit de lui dire son fait? Est-ce qu'on est absurde, parce qu'on interprète autrement que le *National* la doctrine de l'Egalité?

Le *National* a négligé l'organisation sociale. Il est puni par où il a péché. Les théories sociales le débordent; et pour ne pas confesser son incompétence, il est réduit à employer contre ses adversaires le reproche de démence et d'anarchie. Système commode, en effet, mais peu nouveau, et surtout peu concluant.

II. *Les Communistes, Babouvistes, Socialistes, etc.*

Abandonnés à eux-mêmes, faute d'un enseignement substantiel par l'organe de leur parti, les démocrates plébéiens ont été obligés de chercher tout seuls leur instruction. Il y a ainsi un grand nombre de patriotes qui n'ont plus reconnu de drapeau depuis quelques an-

____

(1) *National* du 14 mai 1839, le lendemain de l'insurrection.

nées. Les abonnés qui s'étaient réunis autour du *Réformateur* n'ont jamais été ralliés depuis, et sont demeurés sans journal. Les ouvriers, la jeunesse, toute cette démocratie nouvelle éclose, n'a jamais eu de journal. Cependant, le sentiment de l'organisation sociale, un vif désir de connaître, la nécessité de répondre à cette question : Vous voulez une révolution politique, que ferez-vous après ? le retentissement des écoles philosophiques, des travaux de Saint-Simon, de Fourier, d'Owen, les nobles écrits de M. Pierre Leroux dans la *Revue encyclopédique* et dans l'*Encyclopédie nouvelle*, tout cela sollicitait le peuple et la jeunesse à trouver une solution.

On sentait bien qu'il s'agissait surtout de révolution sociale, et non plus seulement de droits politiques. Il ne fallait pas un grand effort de logique pour cela. Où donc les ouvriers, poussés par ce sentiment, à Paris et à Lyon surtout, dans le midi, dans toutes les grandes villes manufacturières, et partout où il y a un peuple actif et intelligent, où donc les plébéiens ont-ils fait leur éducation ? ont-ils eu des livres ou des journaux ? ont-ils eu le loisir de lire et de méditer ? Hélas ! c'est à peine si douze ou quinze heures de travail leur procurent de quoi acheter du pain. Comment auraient-ils acheté des livres ? comment auraient-ils lu de nombreux ouvrages ? Pour donner satisfaction à ce besoin de savoir, ils ont pris ce qu'ils ont trouvé sous leur main, quelques livres médiocres de l'école de Babeuf, l'ouvrage de Buonarotti en deux volumes, le journal de M. Laponneraye. Ils se sont repassé ces publications bien intentionnées, mais peu intelligentes ; et tout en gagnant leur pain quotidien, ils les ont usées sur leurs métiers, donnant un œil à la lecture, un œil à l'ouvrage ; ou bien, l'un d'eux lisait à haute voix pour tout l'atelier.

Il faut ajouter aussi la propagation orale qui n'a point cessé depuis plusieurs années, et dont la source fut à Sainte-Pélagie, avant et pendant le procès d'avril. Les hommes qui sont au courant du parti républicain, se rappellent qu'il y avait alors parmi les détenus, deux systèmes qui se heurtèrent dans de vives discussions. La jeunesse militante n'était point d'accord avec les principaux chefs de la démocratie. Ceux-ci ne s'en émurent guère, traitant ces idées d'utopie et de divagation. Ce sont cependant ces idées étranges qui ont été semées dans le Peuple, qui ont germé lentement, et dont le communisme actuel est le fruit.

Ainsi s'est formée cette nombreuse secte de Communistes ou d'égalitaires, à laquelle tiennent de près ou de loin, et d'une façon plus ou moins exclusive, presque tous les ouvriers de Paris, de Lyon, de Rouen, etc., c'est-à-dire, tout le Peuple actif en politique.

Et maintenant à qui s'en prendre? et si le légitime sentiment du Peuple, son instinct d'organisation, a enfanté des idées fausses ou exagérées dans lesquelles il persiste, quel est le remède ? Que les idées doivent se transformer, c'est incontestable. Mais que ce sentiment persévérant et général doive être étouffé, c'est impossible et absurde. Vous combattez les Babouvistes purs, par cette excellente raison entre autres, et *a priori*, que l'esprit humain a marché depuis Babeuf; c'est à merveille, et d'ailleurs les Communistes ne s'en tiennent pas à Babeuf. Mais l'esprit humain serait-il par hasard resté immobile depuis dix ans ? *a priori* donc, les démocrates de 1830, en vertu même de leur propre argument, doivent se déclarer moins avancés que ceux de 1840. Il faut une grande souplesse d'esprit et un excessif amour de nouveauté pour suivre long-temps, d'année en année et de jour et jour, ces perfectionnemens imperceptibles. Aussi, la plupart des généreux lutteurs des premières années après 1830, sont-ils demeurés au même point.

N'est-ce pas là, d'ailleurs, un des phénomènes les plus remarquables de toutes les époques actives, de la Révolution française par exemple? Combien de couches successives, combien de générations superposées les unes aux autres ! Barnave, Mirabeau, Bailly, La-fayette, les Girondins, les Dantonistes, tour-à-tour dépassés et sacrifiés ! Quel enseignement pour les hommes qui touchent à la politique et aux révolutions !

Et la monarchie citoyenne n'a-t-elle pas dévoré, en moins de dix ans, la couche libérale, la couche doctrinaire, le tiers-parti et le parti Thiers. Elle est en train d'absorber l'ancienne opposition Barrot. Chacun arrive fatalement à son tour. « Il y a trois choses sans miséricorde, dit l'Arabe, le feu, le prince et le temps. »

Qu'on approuve ou qu'on blâme le sentiment communiste, c'est-à-dire le sentiment de l'Egalité; qu'on interprète d'une façon plus ou moins logique la triple formule : Egalité, Frat ernté, Liberté, toujours est-il que la partie plébéïenne de l'armée démocratique s'émeut au seul nom de communauté.

Ce qu'elle poursuit, c'est l'Egalité sociale. Nous sommes censés jouir de l'Egalité civile ; tout le parti s'accorde à demander l'Egalité politique; les travailleurs, eux, demandent l'Egalité sociale. Quoi de plus légitime ? qui oserait hésiter devant cette conséquence irrésistible de la révolution de 89 et de 93 ?

Mais qu'est-ce que l'Egalité sociale ?

Les Communistes ne sont pas tous d'accord. La plupart se contentent d'affirmer la communauté, l'abolition de la propriété individuelle et du capital individuel, sans pouvoir descendre aux détails d'une organisation fondée sur ces principes, et sans se préoccuper des moyens de transition qui pourraient y conduire.

Quelques-uns, ils sont rares, interprétant Babeuf à la lettre, demandent tout simplement l'égalité *absolue* du travail et l'égalité *absolue* de la répartition. Nous ne faisons qu'exposer des formules et nous n'avons point à les juger.

Un grand nombre reconnaissant la diversité des organisations, prend pour règle de la répartition, le besoin individuel. « Chacun consommera selon son besoin. » Formule analogue à celle du *Contrat social* : « Tout homme a na- » turellement droit à tout ce qui lui est néces- » saire. » Cette première affirmation est sans doute conforme à la justice ; mais elle se complique aussitôt de la notion du devoir à côté de cette notion du droit. Voici votre droit de consommateur.—Quel est votre devoir de producteur ?

Plusieurs répondent que tous les citoyens seront tenus à un travail égal de tant d'heures par jour ; mais en supposant cette contrainte, quant au temps, il reste toujours la diversité des travaux, et la liberté qui violerait cette règle en plus ou en moins. Il reste aussi le danger d'étouffer l'activité humaine et le génie. Mais nous répétons que nous ne voulons point discuter ces théories confuses ou incomplètes, qu'on ne sait où saisir, puisqu'il n'y a guère unanimité entre ceux qui les professent, et que

personne parmi eux n'a encore exposé claire-
ment, avec l'assentiment de leur parti, un système régulier de communauté (1).

Les plus intelligens acceptent la diversité
du travail comme la diversité des besoins.
Ils disent avec les premiers : « Chacun consommera selon son besoin. » Mais ils ajoutent : « Chacun travaillera selon ses forces et ses
aptitudes. En faisant tout ce qu'il peut, l'homme
a droit à tout ce qui lui est nécessaire.» C'est dans
ce sens là que tous les hommes sont égaux et que
les Communistes demandent l'égalité de la
jouissance et l'égalité de la peine. Et si on leur
objecte qu'il se rencontrera sans doute des hommes qui n'emploieront pas toute leur puissance
au profit de la communauté, ils répondent d'a-
bord qu'ils ont plus de confiance dans l'excel-
lence de la nature humaine ; qu'il se pourra
toutefois que la paresse ne soit pas immédiate-
ment bannie de la terre ; qu'il y aura, en effet,
des degrés de bonne volonté, et que les récal-
citrans ne jouiront pas du bénéfice de l'Egalité;
mais qu'il suffit qu'on dévoue à la société sa

---

(1) Nous renvoyons du reste à un article intitulé :
Babouvisme, publié dans le *Dictionnaire politique* et re-
produit dans le *Journal du peuple* et quelques journaux
de départemens. Cet examen rapide de la doctrine de Babeuf et de ses sectateurs, nous a attiré plusieurs réfuta-
tions qui n'apprennent rien de nouveau sur les Communistes.

valeur tout entière, quelle qu'elle soit, pour avoir droit à une satisfaction entière. C'est là une doctrine nouvelle, qui nous éloigne beaucoup de Babeuf et qui n'est point trop *sauvage*. On voit qu'elle repose sur une sorte de hiérarchie selon la moralité. Peut-être a-t-elle le défaut de ne point tenir compte des qualités intellectuelles et physiques, en prenant les qualités morales, ou la vertu, pour mesure unique et exclusive des hommes. Mais on conviendra, du moins, qu'une société réalisée sur le plan de cette utopie, offrirait un spectacle moins désespérant que le spectacle de la société actuelle, où tout est livré au hasard de la naissance et à la disposition d'une caste stupide et immorale, où le bonheur est réparti au rebours du mérite, où les lois et les habitudes blessent sans cesse les notions primordiales de la justice et de la raison.

Le communisme, issu d'une foule de philosophes anciens et modernes, depuis les Indiens, depuis Pythagore, Platon et Jésus, jusqu'à Morelli et Babeuf, n'est donc pas très arrêté comme système. Presque toute l'économie sociale qui doit régner sous le gouvernement démocratique reste à faire. On peut contester la plupart des idées et des formules de l'école égalitaire. Mais ce qui demeurera et qu'on ne peut détruire, ce à quoi il faut satisfaction, c'est le sentiment de l'Egalité et de la solidarité humaines, le sentiment de la Fraternité, le sentiment d'une répartition selon la justice, le sentiment des droits et des devoirs.

Les divergences théoriques que nous signalons entre les Communistes, ne sont pas ce qui les divise le plus. Il y a parmi eux deux groupes bien distincts : ceux qui sont fermes révolutionnaires en vue de leur théorie communiste; et ceux qui, préoccupés exclusivement de la doctrine, négligent ou nient le sentiment révolutionnaire, et sont devenus une secte en dehors du parti politique. Ces derniers ont beaucoup d'analogie avec les Fouriéristes qui croient l'avènement de leur utopie possible, sous n'importe quel gouvernement. Mais ils sont peu nombreux et peu dangereux. Car le peuple ne quittera jamais son instinct révolutionnaire; il est révolutionnaire avant d'être théoricien; il agit plus par sentiment que par idée. On conçoit que des hommes de loisir, comme la plupart des Fouriéristes, s'arrangent provisoirement de ce qui est, et se bercent dans des idées plus ou moins praticables. Mais le peuple appelle surtout la réalité.

On assure que ce groupe de Communistes sectaires est dirigé à Paris par un ancien prêtre de l'église française, auteur d'une brochure intitulée : *Ni Châteaux, ni Chaumières*, et finissant ainsi : « mais si l'humanité ne veut

» pas se soumettre à notre doctrine ?—Et si les
» aliénés de Bicêtre ne voulaient pas se sou-
» mettre aux douches? » Qui a besoin de douches, de l'humanité ou de l'auteur de cette or-
gueilleuse et absurde impiété !

Mais si cette nouvelle petite église qui n'est pas
l'église *française*, s'isole et se spécialise, les
autres Communistes sont dans le grand courant démocratique. Car, après tout, il ne s'agit
point de faire de toutes pièces un système
quelconque et de l'imposer à la France,
comme certains sectaires paraissent le croire.
Il s'agit de préparer les idées et les esprits, et
de mettre la nation en mesure de manifester
ses désirs. Tout pour le Peuple, mais tout
par le Peuple. Où trouverait-on la certitude,
sinon dans le consentement universel? C'est
là le premier axiôme de la démocratie. Hors
de là, on n'est point démocrate. On est sectaire
de telle ou telle théorie. On n'est pas citoyen
d'un pays.

III. *Les Révolutionnaires purs.*

La dispersion des membres influens du parti
démocratique après 1834, l'épuisement de l'é-
nergie nationale, l'insuffisance et l'indifférence
du seul organe qui fût resté sur la brèche, ont
aussi laissé sans direction cette classe active
et généreuse du Peuple, toujours prête à
protester par l'action et le sacrifice. Les lois

contre les associations avaient détruit les sociétés populaires. On n'avait plus le droit légal et la possibilité de se réunir et de se communiquer ses convictions. Cependant, si le pouvoir se flattait d'avoir comprimé momentanément ses ennemis, il s'en fallait qu'il eût étouffé à jamais le sentiment d'une rénovation salutaire. Le Peuple et la jeunesse ne se découragent point. Ils croient, comme Machiavel, « que la fortune est une femme de qui l'on ne » saurait venir à bout qu'on ne la batte et » qu'on ne la tourmente ; et l'on voit, par expé- » rience , qu'elle se laisse bien plus dompter » aux esprits audacieux qu'aux gens froids, et » qu'elle est toujours aimée des jeunes gens , » parce qu'ils sont plus violens et plus hardis. »

L'insurrection de mai a prouvé que le Peuple n'entend point renoncer à ce qu'il considère toujours comme *le plus saint de ses devoirs*. L'espoir de l'affranchissement a toujours vécu dans les cœurs français. *Pour l'esclave, le droit de s'échapper quand il le peut : les esclaves ont le droit de se voler à leurs maîtres* (1). Il y a donc toujours eu dans le Peuple démocratique une fraction considérable qui a persévéré dans sa légitime protestation.

Les Révolutionnaires purs sont assurément les plus nombreux et les plus forts. Le Peuple sent qu'il souffre; il n'a pas besoin d'en savoir

____

(1) Discours de M. Dupin à la Chambre des députés.

plus long. Il a l'instinct de la justice. Il voit que tout est mal dans la société présente ; que ses maîtres politiques et industriels n'ont aucun souci de ses douleurs morales et physiques. Il est blessé dans tous les légitimes sentimens de la nature humaine, dans sa dignité, dans son intelligence, dans ses affections de famille, dans son cœur et dans sa chair. Il travaille et il jeûne. Autour de lui les oisifs consomment le fruit de son travail. Il est vertueux et il est méprisé. Autour de lui, les intrigans sont glorifiés et arrivent à tout. S'il demande du travail et du bien-être en échange de son travail (1), on lui répond que le gouvernement ne s'inquiète point de pareilles choses ; que la chambre des représentans de la bourgeoisie *ne donne pas de travail; qu'elle exerce son droit* (2) ; ce qui veut dire qu'elle fait des lois pour les bourgeois contre les travailleurs. On ajoute que la société a toujours été ainsi, et qu'elle ne changera jamais. « *Il y aura toujours des pau-* » *vres !* (3) »

---

(1) L'art. 16 de la déclaration des droits, est ainsi conçu : « La société est obligée de pourvoir à la sub- » sistance de tous ses membres, soit en leur procurant » du travail, soit en assurant les moyens d'exister à » ceux qui sont hors d'état de travailler. »

(2) Paroles de M. le président de la Chambre des députés.

(3) M. Thiers à la Chambre des députés.

Mais comment le Peuple ne serait-il pas révolutionnaire, même sans avoir aucune idée de l'organisation de l'avenir, quand il rencontre tant de dureté, tant de stupidité aveugle chez les directeurs de la nation. Dieu a mis dans le cœur de tous les hommes l'horreur de l'injustice et le courage de lutter contre elle. C'est un devoir de marcher vers la destinée que la nature et la raison indiquent. Les bourgeois n'invoqueront pas, sans doute, à leur tour, le droit divin, pour continuer à exploiter les classes qu'ils ont soin de tenir dans l'infériorité sociale. Les peuples seuls peuvent se réclamer du droit divin, qui n'est autre que le droit humain. Il n'y a point de droit social, de droit écrit dans les Codes des gouvernans, qui puisse prévaloir contre le droit écrit dans le cœur de tous les hommes. Que l'on conteste les théories de la souveraineté du Peuple, ou les théories communistes, ou toutes les théories professées par les démocrates, il n'y a pas, du moins, à contester le droit qu'ont tous les hommes de vivre sur la terre, en accomplissant leurs devoirs mutuels.

Cette devise du peuple lyonnais : « Vivre en travaillant, ou mourir en combattant », ne sera jamais effacée de l'étendard du Peuple. Il est donc inutile de compter le nombre des révolutionnaires. Tenez pour certain qu'il y a en France 7 millions de révolutionnaires sur 8 millions de population virile; car il y a 7 millions d'hommes, plus leurs femmes, leurs enfans et leurs vieillards, auxquels la société refuse les moyens légitimes d'une existence normale, et le libre développement de la nature humaine. On appelle cela la guerre des pauvres contre les riches. D'autres l'appellent la guerre des volés contre les voleurs. Un ouvrier imprimeur, M. Proudhon, a dit énergiquement, dans un livre remarquable, et qui fait souvenir de la manière de Jean-Jacques : « La propriété c'est le vol. La propriété est le droit de jouir et de disposer à son gré du bien d'autrui, du fruit de l'industrie et du travail d'autrui. » Le Peuple sait maintenant que ce ne sont pas les riches qui le nourrissent. Bien au contraire, ce sont les travailleurs qui nourrissent les oisifs : vérité incontestable sans doute, que Saint-Simon a ingénieusement présentée dans sa fameuse parabole, où il suppose qu'on supprime tous les propriétaires, capitalistes, et généralement toute la gent inutile dont l'emploi se réduit à consommer la production créée par les travailleurs. Pensez-vous que le peuple s'en trouvât plus mal? Si au contraire, on supprimait les travailleurs de la science, de l'art et de l'industrie agricole, manufacturière et commerciale, que deviendrait votre société de consommateurs oisifs? Il n'y a donc, en science économique, qu'un intérêt social, humain, naturel, l'intérêt du travail. Pourquoi donc le Peuple travailleur est-il destitué de tout bien-être, de toute éducation, de toute dignité, de tout bonheur ? pourquoi y a-t-il encore deux castes dans la société française, la caste qui travaille et qui souffre, la caste qui exploite et qui jouit (1) ?

Le parti révolutionnaire ne mourra donc point, et il prêtera toujours son assistance à toutes les tentatives d'une démocratie intelligente qui aura pour but l'amélioration du sort moral, intellectuel et physique de tous les hommes.

IV. *La Jeune démocratie.*

Il y a encore, dans le parti démocratique,

---

(1) Le peuple anglais serait-il à plaindre si l'on supprimait les grands seigneurs qui accaparent presque toute sa richesse :

Le duc de Northumberland a de revenus en biens-fonds. . . . . 3,600,000 fr.
Le duc de Devonshire. 2,880,000
Le duc de Rutland. 2,520,000
Le duc de Bedford. 2,400,000
Le marquis de Buckingham. . . . 2,256,000
Le duc de Norfolk. 2,112,000
Le duc de Malboroug.. 2,040,000
Le marquis d'Herford. 1,800,000
Le marquis de Stafford. 1,800,000
Le duc de Buccleugh. 1,752,000
Le comte de Grosvenor. 1,680,000

une autre fraction qui participe à un certain degré des sentimens et des idées partiellement représentés par l'Opposition dite radicale, par les Communistes et par les Révolutionnaires.

Les hommes de la Jeune démocratie sont Peuple par le cœur, et la plupart aussi par la naissance et les habitudes; mais grâce à d'heureuses circonstances, ils ont eu le privilége de l'éducation. Ils ont eu, en outre, l'avantage d'être mêlés au mouvement politique, en même temps qu'ils travaillaient la pensée. Ce sont à la fois des hommes de pratique et de théorie, du présent et de l'avenir. Eclairés par la réalité sociale qu'ils ont étudiée autour d'eux, provoqués aux choses de rénovation par l'instinct populaire et par l'amour de la justice, ils ont cherché à concilier les nécessités de transition avec les commandemens de l'Egalité. Ils ont compris qu'il ne fallait pas faire de l'éclectisme, mais élargir la doctrine républicaine pour la rendre compréhensive et philosophique.

Cette Jeune démocratie, qui n'appartient à aucune secte exclusive, qui est partout, dans le journalisme, dans les lettres, dans les écoles, dans les ateliers, applaudit à la réforme électorale, poursuivie par le *National*. Elle pense que le *National* remplit une mission utile en attirant les honnêtes bourgeois qui sont sur le seuil de l'opinion démocratique. Mais elle considère la réforme électorale comme un simple instrument, comme un des moyens d'arriver à l'inauguration de la réforme sociale. Elle pense donc avec les Révolutionnaires qu'il ne faut pas repousser les autres moyens de se soustraire à l'exploitation; mais elle insiste sur la modération et l'opportunité. D'accord avec les Communistes, elle a pour but l'Egalité sociale; mais elle pense que les théories économiques qui doivent la réaliser sont loin d'être éclairées d'une lumière suffisante. Elle ne reconnaît, du reste, que la nation tout entière pour souverain juge des institutions à établir; ce qui suppose la libre influence de chacun, sans exclusion de personne. Elle définit l'Egalité, « la faculté que doivent avoir tous les hommes de se développer conformément à leur nature; » ce qui suppose le renversement de tous les priviléges qui font obstacle à ce développement, comme l'appropriation individuelle des instrumens de travail nécessaires à tous les travailleurs; ce qui suppose la socialisation des instrumens de travail, c'est-à-dire l'association de tous les hommes comme producteurs et aussi comme consommateurs (1); ce qui suppose en-

---

(1) On parle de la difficulté d'organiser l'association du travail et des produits. Comment fait-on pour l'impôt ? Comment arrive-t-on à répartir l'impôt foncier sur la masse des propriétaires ? En procédant du composé au simple. Il ne serait pas plus difficile de faire la part de rétribution que la part de contribution.

core la production selon l'utilité sociale *et* selon la vocation particulière, la consommation selon le besoin *et* selon le travail; l'homme complet dans la société complète. Cette définition de l'Egalité, implique aussi la Liberté dont les Communistes ne se préoccupent guère, et sur laquelle les Radicaux n'osent pas s'expliquer, liberté de la pensée et de l'action, liberté pour tout le monde. Car, dans ce sens là, Liberté et Egalité sont synonymes. Pour que nous soyons tous égaux, il faut que nous soyons tous libres; et si nous sommes tous libres, nous sommes tous égaux, puisque nous accomplissons tous ainsi la loi de notre nature, et que la nature nous a tous créés frères, avec la même chair et le même esprit, sous des formes diverses mais analogues.

Mais, contrairement à l'opinion des Communistes, la Jeune démocratie pense que la vérité politique est dans l'avenir, non dans le passé; que l'humanité, n'a jamais qu'une connaissance relative et indéfiniment perfectible de la vérité;

Aujourd'hui l'impôt, c'est-à-dire la richesse commune se prélève sur les revenus particuliers. La vérité économique est, comme toujours, dans l'*écart absolu* : qui empêchera, dans l'avenir, de prélever les revenus particuliers, les salaires, sur la richesse commune? Il est plus simple de répartir des revenus particuliers sur une masse générale, que d'arriver à former une richesse commune, en s'adressant à toutes les fortunes particulières.

que, par conséquent, les doctrines absolues et *a priori*, sans la participation du Peuple tout entier, n'ont point chance de vie; que tout le monde a plus d'esprit que quelques-uns, et que l'humanité est bonne pour adopter les plans conformes à sa destination; ce qui, loin de nier les efforts individuels, les nécessite au contraire; car le Peuple, c'est la collection des individus; et l'expression du consentement général n'est que la résultante des volontés particulières, c'est-à-dire la vérité contingente, mais la vérité la plus universelle, et partant la plus vraie pour la vie actuelle de l'humanité, pour le temps où elle est exprimée.

En opposition avec la plupart des Communistes, qui disent : « tout ce qui n'est pas com- » municable doit être sévèrement retranché, » et qui se rattachent ainsi indirectement à l'ancienne école *spartiate*, la Jeune démocratie veut élever et développer tous les hommes.

Contrairement à cette phrase de Buonarotti : « C'est donc à resserrer dans de justes bornes » la richesse et la puissance des individus que » doivent tendre toutes les institutions d'une » véritable société, » elle demande avec Robespierre : « Un ordre de choses où toutes les » âmes s'agrandissent par la communication » continuelle des sentimens républicains. »

D'accord avec toutes les nuances du parti, elle réclame l'éducation commune, publique

et gratuite; de même que sa politique exté-
rieure a pour formule : la prépondérance de la
pensée française, et la solidarité de tous les
peuples contre les rois.

§ III. COMMENT RALLIER TOUS LES ÉLÉMENS DU PARTI DÉMOCRATIQUE.

Tels sont, en abrégé, les nuances prin-
cipales du parti démocratique. Hors de ces
quatre grandes fractions, il n'y a guère que des
individualités plus ou moins brillantes, mais
auxquelles ne se rattachent aucun groupe no-
table, aucune force politique. Tous les journaux de département peuvent être classés dans
ces catégories. Toutes les publications, livres
ou brochures, appartiennent soit à l'opposition
radicale, soit à l'opinion purement révolutionnaire, soit au communisme, soit à la jeune démocratie. Le *Journal du Peuple* est entre le
National et les Révolutionnaires. La *Revue du
Progrès* est plus près de la Jeune démocratie que
de l'Opposition radicale. Les quelques députés
qui, au fond du cœur, n'ont point abandonné la
cause populaire, quoiqu'ils ne le manifestent
guère par leurs paroles et leurs actes, se tiennent sur la ligne politique du *National*. Ils ap-
puient, fort discrètement à la vérité, la réforme
électorale; mais ils confessent leur ignorance de
l'avenir social du peuple, et ils n'ont point

trouvé le moyen de *mettre des basques aux ves-*
tes des travailleurs. Ils ne sont pas plus avancés
que leurs collègues de tous les bancs, qui con-
viennent volontiers, à propos de tout, qu'on de-
vrait faire quelque chose, mais qui sont fort
embarrassés de dire quoi.

Il y a une vingtaine de députés à la Chambre qui s'intitulent républicains. Il y en a de
jeunes qui sont arrivés avec de grandes répu-
tations, des noms éclatans, des talens incon-
testables. Qu'ont-ils fait et que font-ils ? quelle
initiative ont-ils prise? Ils votent contre les pro-
jets présentés par le ministère. A la bonne
heure. Mais les colléges qui les ont nommés,
au lieu de déléguer un homme, une créature
agissante et spontanée, auraient pu se conten-
ter d'envoyer des cahiers avec cette seule indi-
cation : nous votons systématiquement contre
le ministère.

Maintenant, y a-t-il incompatibilité entre ces
nuances diverses, et s'excluent-elles récipro-
quement? Est-ce que le bleu, le blanc, le rouge,
c'est-à-dire le sentiment, l'intelligence et l'action, c'est-à-dire la Fraternité, l'Egalité, la
Liberté, ne se confondent pas harmonieusement dans le glorieux drapeau de la France?

D'abord, qui veut le plus, veut le moins.
L'extrême gauche à la Chambre se servait de
la gauche contre le pouvoir, sous prétexte que
la gauche conduisait à ses principes. De même,

les fractions qui prétendent avancer le plus loin dans l'avenir, peuvent faire alliance avec l'extrême gauche et l'Opposition radicale; car il faut sans doute passer par l'extrême gauche pour aller à l'Egalité. Les partis excentriques peuvent donc accepter sous réserve, et comme transition, le programme de l'Opposition radicale. Les Révolutionnaires, les Communistes, la Jeune démocratie, ne doivent pas repousser les réformistes, sous peine de manquer à la logique, de même que les Communistes et la Jeune démocratie sont tenus d'accepter aussi les Révolutionnaires. La jeune Démocratie accepte le *sentiment* communiste, sauf révision et rectification des *idées et des formules*, après une élaboration plus profonde et avec l'assentiment général. Et pourquoi, sous ces réserves, le Radicalisme parlementaire et les Révolutionnaires s'effrayeraient-ils d'une réforme sociale dans le sens de l'Egalité, puisqu'ils sont appelés, eux et tout le monde, à participer à ce travail de perfectionnement. Alors, que les Radicaux s'expliquent eux-mêmes. Veulent-ils conserver les bases de l'organisation sociale actuelle? Sont-ils révolutionnaires à la façon de M. Laffitte, président du comité de la réforme électorale : « Nous sommes des révolutionnai- » res; oui, amis de la révolution faite, afin de » prévenir de nouvelles révolutions (1). » Si cela

____

(1) Discours au banquet de Rouen. (*Siècle*, 22 mars 1839.)

est, qu'ils abandonnent leurs noms de radicaux ou de démocrates, et qu'ils s'intitulent conservateurs; qu'ils s'unissent aux bourgeois, aux égoïstes et aux corrompus de tous les régimes. Veulent-ils une organisation qui détruise tous les priviléges de la naissance sans exception; ou veulent-ils conserver l'hérédité (1) de la fortune et de l'éducation? Dans ce dernier cas, qu'ils renoncent à leur formule Liberté, Egalité, Fraternité; car il ne saurait y avoir ni Fraternité, ni Egalité, ni Liberté, si chacun n'est pas le fils de ses œuvres; si les uns, ceux qui produisent, consomment à peine; si ceux

----

(1) On dit que l'abolition de l'hérédité, qu'un autre ordre fondé sur l'Egalité et le travail, blesserait les sentimens de famille, de paternité. Ajoutez — des riches. Car l'ordre actuel, qui est un désordre monstrueux, blesse tous les sentimens de famille de la classe la plus nombreuse. Vous dites : n'est-il pas juste que je transmette à mon fils le fruit de mon travail ? N'est-il pas vrai que c'est là un aiguillon pour pousser au travail ? — Peut-être. Voyons le fait actuel :

Voici un homme qui a 10,000 fr. de rentes et qui a toujours vécu dans l'oisiveté. Il meurt. Il laisse à son fils 10,000 fr. de rentes.

Voici un autre homme, un fermier, par exemple, ou un ouvrier, qui ont travaillé toute leur vie. Ils meurent sans rien laisser à leurs fils. Car ils ont eu déjà bien de la peine à se nourrir, eux et leur famille.

Direz-vous que l'hérédité est favorable aux travailleurs, c'est-à-dire à la masse de la nation? A l'imperceptible minorité des privilégiés, à la bonne heure.

qui consomment beaucoup ne produisent rien. Ont-ils trouvé un moyen de réaliser l'Egalité sociale sans renverser les inégalités actuelles consacrées dans nos lois? Cela implique contradiction. Encore une fois, qu'ils s'expliquent, afin que le Peuple sache s'il doit les considérer comme ses frères ou comme ses maîtres.

Sans même être révolutionnaire, tout parti politique qui n'est pas conservateur du privilége, doit avoir un sentiment, sinon un système, sur les problèmes d'économie sociale. Car, sans provoquer une révolution, il faut songer à l'imprévu, qui peut tout changer en un instant, au milieu du singulier désordre où nous sommes : une mort, un coup de main à l'intérieur, un succès des révolutionnaires espagnols ou anglais, une guerre étrangère. Et justement trois de ces chances viennent de se présenter en quinze jours : l'insurrection de Barcelonne, la signature du nouveau traité entre l'Angleterre, la Russie, la Prusse et l'Autriche, en dehors de l'influence française, et la ridicule tentative de M. Louis Napoléon. Le Radicalisme parlementaire est-il prêt à tout événement?

Jusque-là, c'est-à-dire jusqu'à ce que l'Opposition radicale de la Chambre et de la presse soit entrée dans le sentiment populaire touchant la nécessité et les moyens d'une révolution sociale , elle sera impuissante , malgré les avantages de sa position officielle et de sa publicité, à constituer solidement et harmonieusement le parti démocratique.

A quelle condition donc le parti républicain peut-il refaire son unité si désirable et sans doute si nécessaire à son triomphe ?

A condition que la tête du parti soit à-la-fois révolutionnaire et socialiste.

C'est faute de cette double qualité dans le seul journal quotidien extra-constitutionnel , que tous les élémens nouveaux s'agitent et protestent contre cette tête débile, qui a pourtant la prétention de représenter le parti , et qui dit volontiers, parodiant le mot de Louis XIV : La démocratie, c'est nous (1); ou, comme la papauté romaine : Hors de notre église point de salut.

Les systèmes exclusifs, par cela même qu'ils sont exclusifs, n'ont point la chance de réunir les hommes ; car il faudrait supposer que les hommes abandonnassent leurs sentimens et leurs idées. Or, les hommes ne se convertis-

----

(1) Tout ce qui n'est pas avec le *National* est étranger au parti démocratique : « Les prétendus communistes » ne causent aucune scission dans *le parti démocratique,* » par la raison bien simple qu'ils lui sont complètement » étrangers. Ils sont et ont toujours été aussi loin DE » NOUS que les carlistes , etc. » (*National* du 27 juillet 1840.)

sent point ; ils meurent. Mais les sentimens et les idées, qui ont eu la puissance de réunir des hommes en faisceau, ne meurent point ; ils se transforment et se perfectionnent. Mais pour perfectionner des idées, il ne faut pas commencer par les nier.

La politique qui offrira une satisfaction légitime à tous les désirs confus, exprimés par toutes les voix, aujourd'hui encore discordantes, du parti populaire, doit rendre à la nation française l'inappréciable service d'aider à la réalisation de ses destinées. Car la destinée de la nation française, comme des autres nations européennes et de l'humanité tout entière, l'histoire et la philosophie le prouvent aussi bien que le consentement universel, c'est la démocratie, c'est-à-dire une organisation où tous soient également appelés et où tous soient également élus.

Mais qui aura la puissance d'opérer cette réunion? où est le système qui annonce cette hauteur de vues et cette amplitude? où sont les hommes de persévérance, de talent et de courage, qui entreprendront cette œuvre difficile et la conduiront à bonne fin? L'avancement de la politique n'est-il point intimement lié à l'avancement de la philosophie et de la morale, si intimement qu'un progrès véritable de la politique ne puisse s'effectuer qu'en vertu d'un progrès réalisé dans la philosophie, c'est-à-dire dans la doctrine générale qui explique les lois de la nature et de l'humanité ?

La politique n'est-elle point une conséquence de la philosophie et de la religion ? La société du moyen-âge ne fut-elle point déduite des croyances religieuses ? Le monde temporel ne fut-il point l'image grossière du monde spirituel, malgré la séparation de l'Eglise et de l'Etat, malgré l'antagonisme persistant de César et de la papauté ? Et plus près de nous, qui a enfanté la Révolution française, sinon la philosophie du xviiie siècle, à tel point qu'on retrouve dans les actes des divers partis de la République la traduction des pensées diverses de la philosophie, et surtout la continuation de Rousseau et de Voltaire dans les Montagnards et les Girondins ?

En vertu de quelle philosophie se continue donc le mouvement politique du xixe siècle qui annonce autant d'éclat que le xviiie ? Où est la pensée secrète qui donne l'impulsion ? Est-ce qu'il n'y a point une doctrine efficiente sous ces sentimens et sous ces faits ? Ou bien le monde politique est-il destiné à attendre encore qu'une nouvelle pensée religieuse échauffe tous les cœurs ?

Ayons confiance toutefois dans la vertu du Peuple ! Puisqu'il sent en lui-même l'inspiration et je ne sais quel entraînement prophétique qui le pousse à l'Egalité, son génie ne lui refusera pas les moyens de l'atteindre. Le Peuple souffrant est pressé. La Providence ne le laissera point périr en vue de la terre promise. Après avoir brisé le joug des Pharaons, notre génération passera le Jourdain. Elle entrera certainement dans cette terre démocratique, *terram bonam et spatiosam*, léguant aux générations futures la gloire de l'embellir et de la féconder. Si nous n'avons point encore la connaissance précise d'une philosophie vraiment humanitaire, nous en avons du moins le préssentiment, comme ces prolétaires de la Révolution qui ont bien inventé la formule religieuse : Liberté, Egalité, Fraternité.

Août 1840.

Imprimerie de Madame DE LACOMBE, rue d'Enghien, 12.